Constitución y familia: un principio fallido

INFORME 07 | CEU-CEFAS en colaboración
con el Instituto CEU de Estudios de la Familia

Mayo de 2024

Coordinador

Elio A. Gallego García
Director de CEU-CEFAS

Autor

Alejandro Macarrón Larumbe
Responsable de Estudios y Análisis Social de CEU-CEFAS

Epílogo

Rubén Manso Olivar
Economista

CEU-CEFAS
Calle Tutor, 35
28008 Madrid | España
Teléfono: (+34) 91 514 05 77
cefas@ceu.es
cefas.ceu.es

Instituto CEU de Estudios de la Familia
Universidad CEU San Pablo
C/ Julián Romea, 20
28003 Madrid | España
Teléfono: (+34) 91 456 63 11
if@ceu.es
institutofamilia.ceu.es

Depósito legal: M-13720-2024
ISBN: 978-84-19976-33-8
Maquetación: CEU Ediciones
Impresión: CEU Ediciones
Impreso en España

Publica: CEU Ediciones
Calle Julián Romea, 18
28003 Madrid | España
Teléfono: (+34) 91 514 05 73
ceuediciones@ceu.es

La Fundación Universitaria San Pablo CEU es una entidad inscrita en el Registro de Fundaciones
con el nº 60 /
CIF (G-28423275).

Índice

1. Introducción

A comienzos de 2024, España lleva 45 años largos con la Constitución de 1978 (la "CE-78") como máxima norma legal. Como tal, la Constitución es marco e inspiración de gran parte de las políticas públicas de las últimas cuatro décadas y media. Pasada generación y media desde su promulgación, es buen momento para hacer balance de cómo se ha cumplido la CE-78, y qué ha propiciado en sus diversas partes, y en concreto, en relación a la familia, una institución esencial para las personas y la sociedad en su conjunto, de especial interés para CEU- CEFAS. Sobre este asunto capital versa este informe, al que se anexa una interesante reflexión sobre políticas económicas para la familia del economista D. Rubén Manso Olivar, y tres epígrafes del Catecismo de la Iglesia católica que versan sobre la relación entre la familia y la comunidad social y política, en los que hay muchas coincidencias con la CE-78 y dos significativas diferencias.

Lamentablemente, el balance global para la fortaleza y bienestar de la familia en la España de los últimos 45 años no es nada positivo, sin perjuicio de que también haya alguna luz junto a las mucho más numerosas sombras. La familia, entendida en general en este informe como grupo formado por adultos que conviven con hijos suyos no emancipados, es hoy en España mucho menos fuerte que cuando se elaboraba la CE-78, en diversos aspectos esenciales:

- En lo cuantitativo, su número medio de miembros es mucho menor ahora por el desplome de la natalidad y el auge de la monoparentalidad. También -aunque esto tiene menos peso- por el mucho mayor porcentaje de padres muy mayores que ahora no viven con alguno de sus hijos, sino en residencias de ancianos. Ese desplome de la natalidad ha sido facilitado de forma activa desde el Estado, entre otras cosas, con las leyes sobre el aborto y la financiación de éste, con la provisión gratuita de anticonceptivos, o con las leyes de divorcio. Y de forma pasiva, no haciendo virtualmente nada durante 40 años largos para revertirlo.

- En lo cualitativo, porque ahora mucha menos gente opta por casarse frente a sus alternativas de vivir en pareja de hecho o sola, y por la facilidad legal para romper un matrimonio, y no digamos una pareja de hecho. Y los que se casan, contraen su primer matrimonio en promedio con mucha más edad. En contraste, el matrimonio legal se ha ampliado a parejas del mismo sexo, una innovación en milenios de institución matrimonial *de iure*, y en aún más milenios *de facto*.

- En lo económico, también hay negras sombras para la fortaleza de la familia en España: el Estado quita ahora a las familias en impuestos mucho más que antes de la CE-78; en los últimos 45 años ha habido una tasa media de desempleo del 17%; el esfuerzo económico para comprar vivienda es ahora mucho mayor; la deuda pública, casi inexistente al comienzo de la Transición, supone ahora una gran hipoteca virtual para las familias españolas.

En contraste con lo anterior, de lo que más afecta a la familia, las mayores mejoras en las últimas décadas se han dado en el campo de la salud y esperanza de vida, lo que no es poco. El cuadro siguiente resume cosas fundamentales que contiene la Constitución sobre la familia, y lo realmente sucedido en relación a esas provisiones constitucionales.

DE LO DICHO EN LA CE-78	A LOS HECHOS EN LOS ÚLTIMOS 45 AÑOS
ARTÍCULO 39. PROTECCIÓN A LA FAMILIA Y A LA INFANCIA. 1. Los poderes públicos aseguran la **protección social, económica y jurídica** de la familia. 2. Los poderes públicos aseguran, asimismo, la **protección integral de los hijos**, iguales éstos ante la ley con independencia de su filiación, y de las madres, cualquiera que sea su estado civil. La ley posibilitará la investigación de la paternidad. **ARTÍCULO 27 LIBERTAD DE ENSEÑANZA** 1. Todos tienen el derecho a la educación. **Se reconoce la libertad de enseñanza.** 2. La educación tendrá por objeto el pleno desarrollo de la personalidad humana en el respeto a los principios democráticos de convivencia y a los derechos y libertades fundamentales. 3. Los poderes públicos garantizan el derecho que asiste a los padres para que sus hijos reciban **la formación religiosa y moral que esté de acuerdo con sus propias convicciones.**	**¿Protección social a la familia?** Las familias son mucho menos fuertes ahora que en 1978 en estabilidad, régimen legal y número de miembros. El 50% de los españoles ya no se casan. De los que se casan, la mitad se acaba divorciando. En 2022, las españolas tuvieron 66% menos hijos de media que en 1976, y se ha pasado de 3,9 a 2,5 personas de media por hogar. **¿Protección jurídica?** No para la continuidad familiar con las leyes de divorcio de 1981 y 2005 ("Divorcio exprés"). No se protege la ampliación de la familia con el aborto como derecho legal y gratuito (id. anticonceptivos). **¿Protección económica?** Las familias y su patrimonio sufren una presión fiscal efectiva que duplica la previa a la CE-78, incluyendo impuestos confiscatorios, en gran parte por claros despilfarros, ineficiencias e inequidades regionales en el gasto público. De 1978 a 2023, paro medio del 17% -y el desempleo juvenil, muy superior-, mucho más que antes de CE-78. En relación a la renta media disponible, comprar una vivienda es mucho más costoso que hace 45 – 50 años. La deuda pública actual hipoteca a cada familia con más de un año completo de su renta. En 1976, apenas había. **¿Protección integral de los hijos?** 2,7 millones de hijos en gestación han sido matados desde 1986 en España, en abortos legales y en una gran parte pagados por un Estado que también da anticonceptivos gratis. De 3,5 a 4 millones de niños y jóvenes han sufrido el daño del divorcio o separación legal de sus padres. No se ha protegido a los hijos frente a la ruptura conyugal, fomentándose incluso la monoparentalidad. Al menos 1,5 millones de divorciados o separados desde 1981 no deseaban la ruptura conyugal, pero la sufrieron de todos modos. **¿Libertad de enseñanza?** Se ha conculcado el derecho de los padres a que sus hijos no reciban formación moral contraria a sus convicciones. En varias CCAA se ha sometido a los niños a inmersión en lenguas locales, privándoles de educarse en español.
ARTÍCULO 43. PROTECCIÓN A LA SALUD 1. Se reconoce el derecho a la protección de la salud. 2. Compete a los poderes públicos organizar y tutelar la salud pública a través de medidas preventivas, y de las prestaciones y servicios necesarios.	**La esperanza de vida, la mortalidad infantil y maternal y la prevención y superación de enfermedades han mejorado mucho.** España ya había convergido en esperanza de vida con la Europa rica en 1975-1976, partiendo de bastante menos en 1900. En los últimos 45 años, España se ha situado en cabeza de la UE en esperanza de vida, que ha crecido en todo el mundo en general, pero más aquí que en el grueso de países desarrollados.

2. Antecedentes. La familia en las constituciones anteriores a la de 1978

Ni en la Constitución de 1812 ("La Pepa"), ni en las demás del siglo XIX (1837, 1845, 1869 y 1876, así como el Estatuto Real de 1834), se hacen más menciones a la "familia" que las relativas a la familia real. Pese a ello, las familias estables, formadas por matrimonios que solo la muerte de uno de los cónyuges separaba, y con muchos hijos –de los cuales más de la mitad fallecían antes de llegar a adultos[1]–, eran lo habitual. La familia era muy fuerte, aunque no tuviera amparo constitucional.

La primera constitución con alusiones a la familia es la de 1931, de la Segunda República.

Artículo 43.

La familia está bajo la salvaguardia especial del Estado. El matrimonio se funda en la igualdad de derechos para ambos sexos, y podrá disolverse por mutuo disenso o a petición de cualquiera de los cónyuges, con alegación en este caso de justa causa.

Los padres están obligados a alimentar, asistir, educar e instruir a sus hijos. El Estado velará por el cumplimiento de estos deberes y se obliga subsidiariamente a su ejecución.

Las leyes civiles regularán la investigación de la paternidad.

No podrá consignarse declaración alguna sobre la legitimidad o ilegitimidad de los nacimientos ni sobre el estado civil de los padres, en las actas de inscripción, ni en filiación alguna. El Estado prestará asistencia a los enfermos y ancianos, y protección a la maternidad y a la infancia, haciendo suya la "Declaración de Ginebra" o tabla de los derechos del niño.

Con el franquismo no había constitución como tal, pero un conjunto de leyes llamadas "fundamentales" cumplían un papel más o menos equivalente. Una de ellas era "El Fuero de los españoles", sobre los derechos, libertades y deberes de todo español. En ella, en relación a la familia, se decía lo siguiente:

Artículo 22.

El Estado reconoce y ampara a la familia como institución natural y fundamento de la sociedad con derechos y deberes anteriores y superiores a toda Ley humana positiva. El matrimonio será uno e indisoluble. El Estado protegerá especialmente a las familias numerosas.

---

1 En 1880, según las tablas de mortalidad de la época, la mitad de los niños alumbrados morían antes de cumplir los 12 años de edad, y algo más de la mitad no llegaban a adultos. Ahora en España el 99,6% de los nacidos vivos llegan a adultos.

Artículo 23.

Los padres están obligados a alimentar, educar e instruir a sus hijos. El Estado suspenderá el ejercicio de la patria potestad o privará de ella a los que no la ejerzan dignamente, y transferirá la guarda y educación de los menores a quienes por Ley corresponda.

En el "Fuero de los españoles", el tratamiento legal a la familia es muy singular, empezando por que se le dedica uno de sus tres capítulos en exclusiva. En esa ley fundamental del franquismo se reconocen formalmente diversas libertades y derechos, pero en muchos casos quedan sujetos a lo que dispongan sobre ellos leyes de menor rango / posteriores, o pueden ser suspendidos por el gobierno. No ocurre eso con los derechos y deberes de la familia, a los que se da rango superior a cualquier ley humana positiva, esto es, al propio "Fuero de los españoles" y otras leyes en vigor o de futura promulgación.

3. La familia en la Constitución de 1978

En la CE-78, hay diversos artículos con referencias a la familia. De forma muy directa, el 32 y el 39.

Artículo 32. Matrimonio

1. El hombre y la mujer tienen derecho a contraer matrimonio con plena igualdad jurídica.
2. La ley regulará las formas de matrimonio, la edad y capacidad para contraerlo, los derechos y deberes de los cónyuges, las causas de separación y disolución y sus efectos.

Artículo 39. Protección a la familia y a la infancia

1. Los poderes públicos aseguran la protección social, económica y jurídica de la familia.
2. Los poderes públicos aseguran, asimismo, la protección integral de los hijos, iguales éstos ante la ley con independencia de su filiación, y de las madres, cualquiera que sea su estado civil. La ley posibilitará la investigación de la paternidad.
3. Los padres deben prestar asistencia de todo orden a los hijos habidos dentro o fuera del matrimonio, durante su minoría de edad y en los demás casos en que legalmente proceda.
4. Los niños gozarán de la protección prevista en los acuerdos internacionales que velan por sus derechos.

Además del 32 y el 39, hay diversos artículos y apartados con gran incidencia, directa o indirecta, en las familias y su bienestar:

Artículo 3. El castellano y las demás lenguas españolas

1. El castellano es la lengua española oficial del Estado. Todos los españoles tienen el deber de conocerla y el derecho a usarla.

Artículo 27. Libertad de enseñanza

1. Todos tienen el derecho a la educación. Se reconoce la libertad de enseñanza.

2. La educación tendrá por objeto el pleno desarrollo de la personalidad humana en el respeto a los principios democráticos de convivencia y a los derechos y libertades fundamentales.

3. Los poderes públicos garantizan el derecho que asiste a los padres para que sus hijos reciban la formación religiosa y moral que esté de acuerdo con sus propias convicciones.

Artículo 31. Sistema Tributario

1. Todos contribuirán al sostenimiento de los gastos públicos de acuerdo con su capacidad económica mediante un sistema tributario justo inspirado en los principios de igualdad y progresividad que, en ningún caso, tendrá alcance confiscatorio.

2. El gasto público realizará una asignación equitativa de los recursos públicos, y su programación y ejecución responderán a los criterios de eficiencia y economía.

Artículo 33. Derecho a la propiedad

1. Se reconoce el derecho a la propiedad privada y a la herencia.

Artículo 35. El trabajo, derecho y deber

1. Todos los españoles tienen el deber de trabajar y el derecho al trabajo, a la libre elección de profesión u oficio, a la promoción a través del trabajo y a una remuneración suficiente para satisfacer sus necesidades y las de su familia, sin que en ningún caso pueda hacerse discriminación por razón de sexo.

Artículo 40. Redistribución de la renta. Pleno empleo

1. Los poderes públicos promoverán las condiciones favorables para el progreso social y económico y para una distribución de la renta regional y personal más equitativa, en el marco de una política de estabilidad económica. De manera especial, realizarán una política orientada al pleno empleo.

Artículo 41. Seguridad Social

Los poderes públicos mantendrán un régimen público de Seguridad Social para todos los ciudadanos que garantice la asistencia y prestaciones sociales suficientes ante situaciones de necesidad, especialmente, en caso de desempleo. La asistencia y prestaciones complementarias serán libres.

Artículo 43. Protección a la salud

1. Se reconoce el derecho a la protección de la salud.

2. Compete a los poderes públicos organizar y tutelar la salud pública a través de medidas preventivas y de las prestaciones y servicios necesarios. La ley establecerá los derechos y deberes de todos al respecto.

Artículo 47. Derecho a la vivienda. Utilización del suelo.

Todos los españoles tienen derecho a disfrutar de una vivienda digna y adecuada. Los poderes públicos promoverán las condiciones necesarias y establecerán las normas pertinentes para hacer efectivo este derecho, regulando la utilización del suelo de acuerdo con el interés general para impedir la especulación La comunidad participará en las plusvalías que genere la acción urbanística de los entes públicos.

Artículo 48. Participación de la juventud

Los poderes públicos promoverán las condiciones para la participación libre y eficaz de la juventud en el desarrollo político, social, económico y cultural.

Artículo 50. Tercera edad

Los poderes públicos garantizarán, mediante pensiones adecuadas y periódicamente actualizadas, la suficiencia económica a los ciudadanos durante la tercera edad. Asimismo, y con independencia de las obligaciones familiares, promoverán su bienestar mediante un sistema de servicios sociales que atenderán sus problemas específicos de salud, vivienda, cultura y ocio.

4. Desprotección real de lo supuestamente protegido: fragilidad legal de la familia y la infancia desde la CE-78

El artículo 39 está dedicado a la "protección" de la familia y la infancia, pero en el artículo 32 se reconoce lo que más desprotege a ambas frente a la estabilidad familiar, que es la disolución legal del matrimonio, un cambio radical en esta materia respecto a su tradicional indisolubilidad en España, salvo el breve paréntesis de la Segunda República. Como desarrollo de la mención constitucional a la ruptura conyugal, en 1981 se aprobó la primera ley de divorcio con el gobierno de UCD presidido por Leopoldo Calvo-Sotelo, con Francisco Fernández Ordóñez como ministro de Justicia. En 2005, con José Luis Rodríguez Zapatero (PSOE) al frente del ejecutivo y Juan Fernando López Aguilar como ministro de Justicia, se aprobó la popularmente conocida como Ley del Divorcio "Exprés", que facilitó bastante más el divorcio. La última reforma legal, que facilita aún más el divorcio en ciertos casos, y en especial con matrimonios recientes, es de 2015 (con gobierno del PP). Permite que el divorcio se formalice simplemente ante notario, sin intervención de un Juzgado, si es de mutuo acuerdo, los cónyuges no tienen hijos comunes menores de edad[2] o discapacitados, y han transcurrido al menos tres meses desde que se casaron.

En los últimos años, tiende a haber menos divorcios, pero sobre todo porque cada vez menos gente se casa legalmente.

---

2   Esa salvaguarda no contempla el caso de hijos en gestación cuando se esté tramitando el divorcio ante notario. Salvo que finalmente no nazcan, por aborto provocado o espontáneo posterior al divorcio, serán, por tanto, menores menos protegidos en este aspecto tan importantísimo para sus vidas que los hijos vivos de matrimonios que se quieran separar.

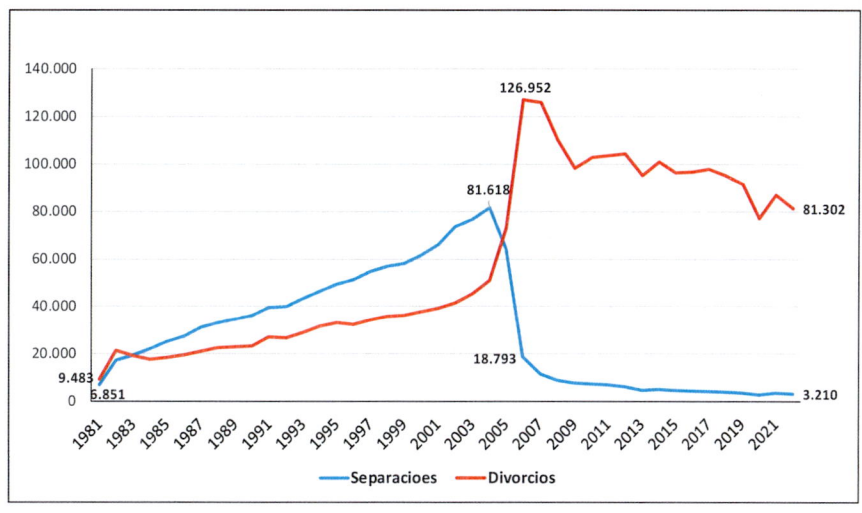

Gráfico 1. Separaciones y divorcios en España

Fuente: Estadísticas de nulidades, separaciones y divorcios (INE)

Los datos sobre el divorcio en España desde que es legal no son precisamente la historia de un éxito en la protección de la familia en los últimos 45 años, como indican los siguientes números, sino todo lo contrario[3]:

- La tasa de "fragilidad matrimonial" (número de divorcios por cada cien bodas) ha superado el 60% en 13 de los últimos 18 años.
- Al menos el 50% de los matrimonios se acabarían separando. Un tercio se separa antes de los 20 años de casados y la quinta parte, en los primeros 10 años.
- Desde 1981 se han roto en torno a tres millones de matrimonios legales, y de 3,5 a 4 millones de niños y jóvenes han sido afectados directamente por la separación de sus padres. El divorcio empobrece a los hijos no emancipados en lo económico, y produce daños afectivos, con riesgo incrementado de necesitar tratamiento mental-emocional, y así como perjuicios en el campo educativo-formativo.
- Al menos 1,5 millones de adultos casados se divorciaron desde 1981 contra su voluntad.

5. Muchos menos matrimonios y menos niños a proteger

En los últimos 45 años ha caído casi a la mitad la propensión de los españoles a casarse. Si hasta 1976-1977 más del 90% de los españoles se casaban alguna vez en su vida, desde hace años, la tasa de primonupcialidad de los españoles no llega al 50%, lo que indica que menos de la mitad de los adultos se casarían al menos una vez en su vida con menos de 60 años. En línea con este indicador, el número de bodas por 1.000 habitantes ha caído a la mitad desde 1976.

---

3   Véase el informe "El divorcio en España" del Observatorio Demográfico del CEU-CEFAS, del que proceden estos datos.

Gráfico 2. Bodas por 1.000 habitantes celebradas en España

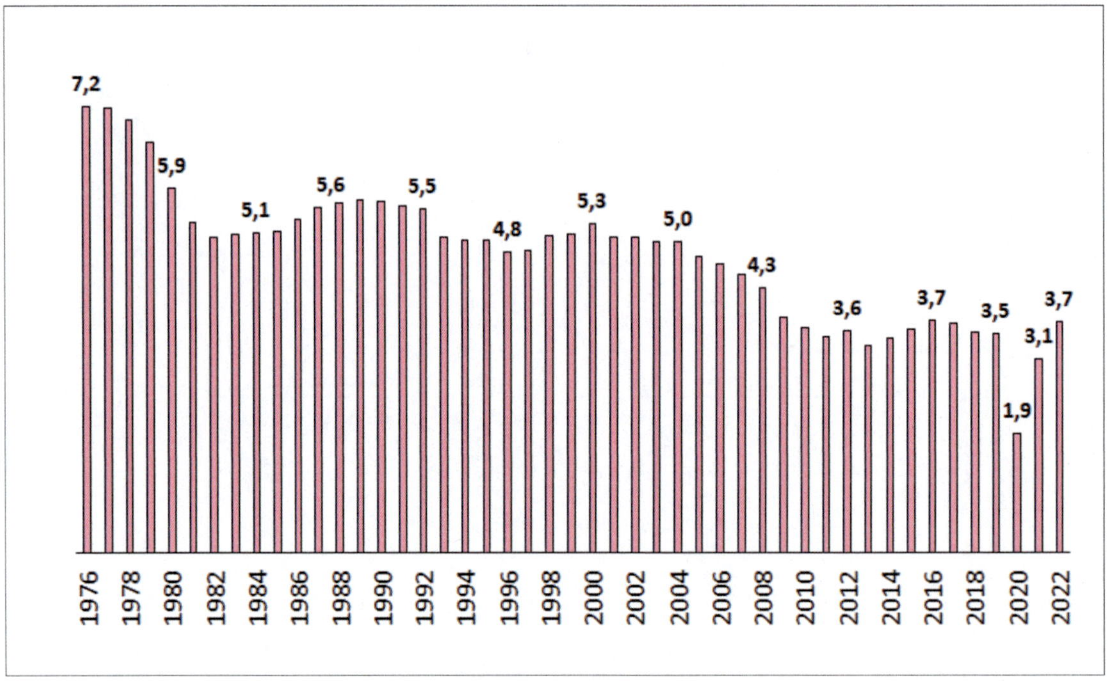

Fuente: INE: Indicadores demográficos básicos

Aún peor para la sostenibilidad futura de la sociedad y el bienestar afectivo de los españoles, y muy ligado a la caída de la nupcialidad y la alta divorcialidad, es que el número medio de hijos por mujer ha caído en más de un 50% desde 1976, cuando comenzó la Transición entre el franquismo y la democracia que cristalizó legalmente con la Constitución de 1978. Desde 1981 la fecundidad en España, medida en hijos por mujer, es inferior a 2,1, el llamado nivel de reemplazo, que asegura que haya relevo generacional. Entre 1979 y 2022, su valor medio fue de 1,40, lo que implica que cada nueva generación de españoles es 1/3 menos numerosa que la anterior. Peor todavía, desde hace varios años es inferior a 1,2 hijos por mujer, lo que entraña que cada nueva generación de españoles será en torno un 45% menos numerosa que la anterior.

Gráfico 3. Indicador coyuntural de fecundidad en España (hijos por mujer) 1976-2022

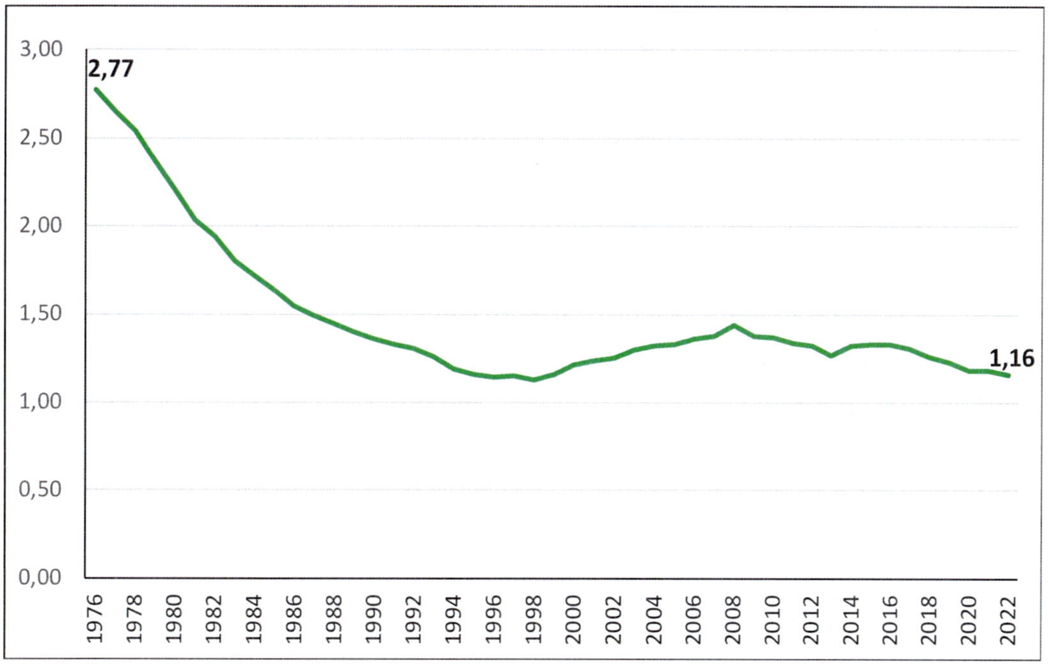

Fuente: Indicadores demográficos básicos (INE)

De resultas de una fecundidad tan baja durante décadas, la sociedad española está envejeciendo de manera acelerada por falta de niños y savia joven. Desde hace más de diez años, en España el número de nacimientos es menor que el de defunciones, y por un margen creciente, de más de 100.000 al año en total en la actualidad, y de unos 200.000 para los españoles autóctonos. Al escribir este informe, en marzo-abril de 2024, se ha llegado a una pérdida acumulada de 1,5 millones de españoles desde 2012, por más fallecimientos de personas nacidas en España que nacimientos de bebés con madres nacidas en España.

6. El Estado facilita que no se amplíen las familias, o incluso que no se formen

La práctica del aborto y el uso de anticonceptivos son actos directamente contrarios a la ampliación de las familias. Y cuando una mujer carece de hijos, lo son incluso a que empiece a existir una nueva familia en el sentido más completo del término, esto es, con hijos. Por lo tanto, el amparo legal del aborto, y su provisión gratuita por el Estado (lo mismo que la de medios anticonceptivos), son contrarios a que haya más familias plenas, y a que éstas tengan más miembros. No son precisamente cosas con las que el Estado en España haya "protegido" a la familia en las últimas décadas, sino lo contrario.

6.1. De "todos tienen derecho a la vida" a 2,7 millones de abortos provocados desde 1986

La Constitución utiliza a veces la expresión "los ciudadanos", y otras "los españoles", al referirse a los sujetos de los diversos derechos y deberes individuales que recoge. Pero en el artículo 15, titulado "Derecho a la vida", se usa un ambiguo "todos" para referirse a los titulares de derecho inalienable a la vida, con la frase "Todos tienen derecho a la vida". En la práctica, tras las diversas leyes de aborto -cada vez más pro-abortistas- y sentencias del Tribunal Constitucional sobre la materia, ese "todos" ha excluido a los futuros españolitos en gestación, que habrían ampliado las familias españolas, ese bien que dice proteger la Constitución. El resultado: 2,7 millones de bebés en gestación han sido privados de vida y removidos de forma voluntaria del seno materno en España entre 1986 y 2023. Y una gran parte de esos abortos han sido pagados con fondos públicos, procedentes del bolsillo del contribuyente.

6.2. Anticonceptivos gratuitos: otra acción estatal contra la ampliación de las familias

Actualmente hay en el mercado una gran abundancia de medios anticonceptivos y contraceptivos baratos, que cuestan miles de veces menos que el gasto que supone para sus padres criar un niño desde que nace hasta que se emancipa del hogar familiar. Y sin embargo, diversas AAPP, incluyendo todas las CCAA, gastan dinero del contribuyente en pagar medios contraceptivos a las personas que los soliciten, contribuyendo así desde los poderes públicos a dificultar la ampliación de las familias. Si España fuera un país paupérrimo con familias repletas de niños famélicos, sin entrar en consideraciones de tipo moral//religioso, podría entenderse que el Estado pagase los anticonceptivos. Pero siendo España una nación desarrollada sin apenas pobreza severa[4], y con menos de 1,2 hijos de media por mujer, ni hacer esto es cumplir con lo de "proteger a las familias" de la CE-78, ni se justifica por razones de utilidad general / bien común, imprescindibles para que una determinada partida de gasto público sea lícita.

7. Enseñanza: imposiciones inconstitucionales en materias morales y lingüísticas

7.1. Se ha conculcado y conculca el derecho de los padres a que sus hijos no reciban formación moral que esté en desacuerdo con sus propias convicciones

Artículo 27. Libertad de enseñanza

1. Todos tienen el derecho a la educación. Se reconoce la libertad de enseñanza.
2. La educación tendrá por objeto el pleno desarrollo de la personalidad humana en el respeto a los principios democráticos de convivencia y a los derechos y libertades fundamentales.

---

4   Si hubiese en España bolsas amplias de pobreza severa, como señalan algunas falaces estadísticas oficiales y noticias de prensa, no habrían venido 571.000 inmigrantes netos adicionales en 2023 pese a haber altas tasas de paro. Y España no podría estar a la cabeza de la UE en esperanza de vida ni registrar niveles bajísimos de mortalidad infantil y maternal.

3. Los poderes públicos garantizan el derecho que asiste a los padres para que sus hijos reciban la formación religiosa y moral que esté de acuerdo con sus propias convicciones.

El derecho de los padres a que a sus hijos no les inculquen en la escuela valores morales contrarios a los suyos se ha conculcado y conculca de forma reiterada para muchos millones de padres españoles, cuando menos, desde hace más de 15 años. Veamos dos ejemplos:

*   La Asignatura "Educación para la Ciudadanía", obligatoria de 2007 a 2016, con contenidos y libros de texto con sesgos de valores inaceptables para los padres que piensan que la libertad de mercado y el rol del empresario son bienes morales y sociales, y no lo contrario; o que la educación sexual a sus hijos no es materia propia de los colegios; o con una concepción de la familia en línea con la tradicional / judeo-cristiana –fueran creyentes o no–, etc.
*   Las diversas leyes LGTBI (autonómicas y la estatal), con una concepción de la sexualidad y sus derivadas sociales impregnada del acientífico y ambiguo concepto de "género" (que se emplea a veces como sinónimo de "sexo", y otras como "orientación o rol sexual con el que uno se identifica"), muy distinta del humanismo cristiano (y de sus equivalentes judío o musulmán), incluyen en general contenidos obligatorios de educación sexual y en los conceptos de la ideología de género a niños y adolescentes.

7.2. La inmersión lingüística obligatoria en lenguas regionales es inconstitucional y dañina para las familias castellanoparlantes, y en especial, para sus hijos

"La educación en la lengua materna es un factor clave de inclusión y para una enseñanza de calidad, y mejora los resultados educativos y académicos"

"Why mother language-based education is essential" (UNESCO)[5]

La imposición del uso vehicular -en mayor o menor grado- de la lengua regional en la enseñanza en Cataluña, Baleares, Galicia, País Vasco y Comunidad Valenciana, con marginalización o supresión deliberada del idioma español[6], no solo atenta contra lo que dice la CE-78 sobre el castellano ("Artículo 3. 1. El castellano es la lengua española oficial del Estado. Todos los españoles tienen el deber de conocerla y el derecho a usarla") y la libertad de enseñanza. También es antisocial, porque en todas esas CCAA vive más gente cuya lengua materna es el español que hijos de personas que hablan principalmente en la lengua regional, y también en ellas se usa más el español que cualquier otro idioma. Y porque el castellano es un idioma mucho más útil en España y el mundo que la lengua regional. Lo peor de todo es que puede ser muy perjudicial para los hijos

---

5   Véase https://www.unesco.org/en/articles/why-mother-language-based-education-essential

6   Véase por ejemplo "La inmersión lingüística en Baleares: el 83% de los centros educativos públicos enseña 100% en catalán" en https://www.elmundo.es/baleares/2018/02/26/5a93b06122601d88478b4632.html

de familias castellanohablantes, al exponerles a riesgo incrementado de fracaso escolar, con el consiguiente trauma en la infancia y juventud, y daños formativos de por vida, con repercusiones negativas en su bienestar futuro, económico y en otros planos. Y sin embargo, CCAA como Cataluña, Baleares o Galicia llevan décadas de inmersión lingüística, que hasta ahora ha sido algo más suave en el País Vasco por la enorme dificultad de su lengua local para esa inmensa mayoría de vascos que no la tiene como lengua materna, pero con tendencia a hacerla más completa, *a la catalana*. Este es uno de los peores incumplimientos sistemáticos de la CE-78 en lo relativo a proteger a la familia, al derecho y deber de conocer el castellano, y a la libertad de enseñanza, con millones de niños y padres afectados en las últimas décadas, además de ser contrario a la muy lógica recomendación de la UNESCO sobre la materia. Es muy razonable asegurar que todos los niños aprenden la lengua regional en las CCAA donde la hay con amplio uso. Pero no lo es la inmersión lingüística escolar obligatoria en ella, con daño directo a los hijos de castellanoparlantes -mayoritarios en todas ellas-, y riesgo claro de que el nivel de conocimiento y facilidad de uso del idioma español de muchos niños de esas CCAA acabe siendo deficiente.

Gráfico 6. Población catalana con 15 años o más, según su lengua (año 2018)

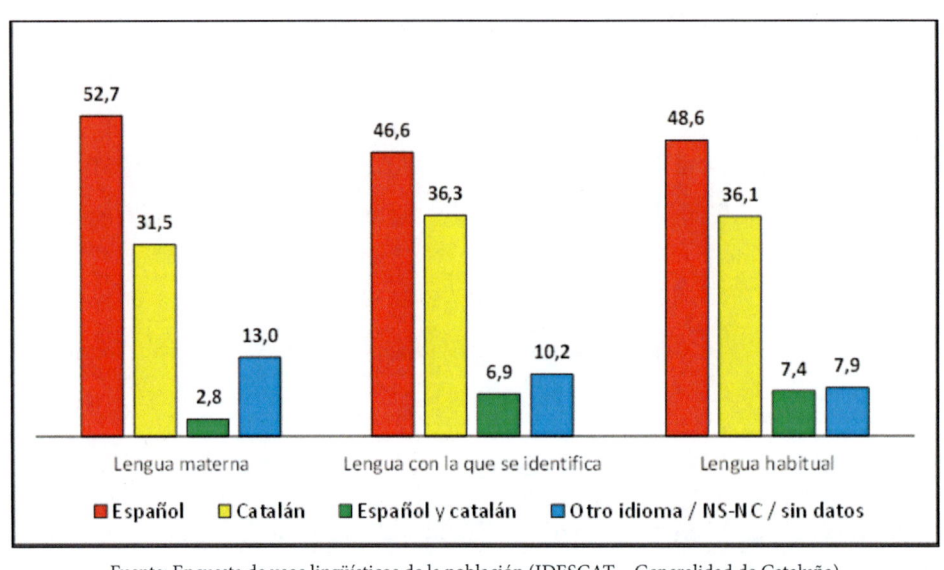

Fuente: Encuesta de usos lingüísticos de la población (IDESCAT – Generalidad de Cataluña)

Gráfico 7. Personas entre 18 y 69 años de edad según los idiomas que conocen y si son su lengua materna, por comunidad autónoma (año 2022)

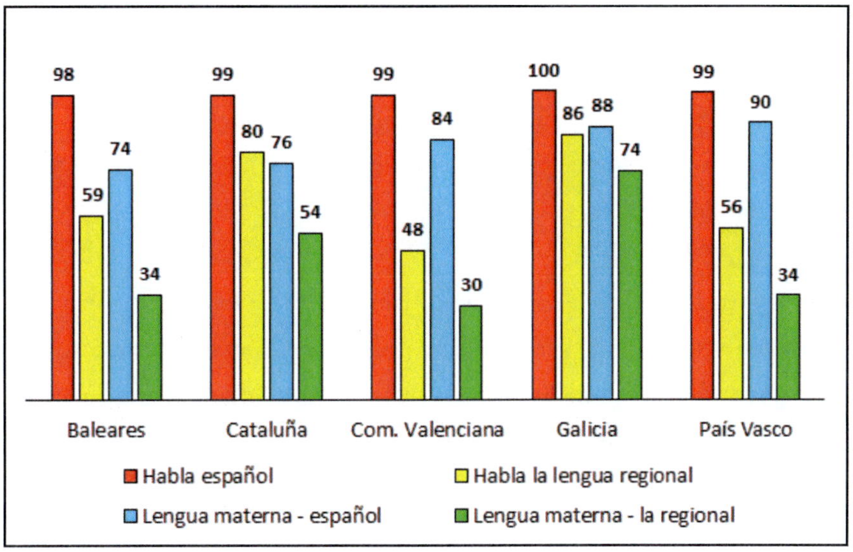

Fuente: Encuesta sobre la participación de la población adulta en actividades de aprendizaje (INE)

8. Grandes desprotecciones económicas a las familias

8.1. Mucha mayor presión fiscal, por un Estado mucho menos austero y eficiente

"Recaudar más impuestos de lo estrictamente necesario[7] es un robo legal"
(Calvin Coolidge, presidente de EEUU de 1923 a 1929)

El artículo 33.1 de la Constitución reza: "Se reconoce el derecho a la propiedad privada y a la herencia". Sin embargo, eso es así ahora en menor medida que al elaborarse la CE-78, porque la presión fiscal sobre esa propiedad –tanto la recién adquirida mediante actividades económicas, como la acumulada– es mucho más alta. A mediados de los años 70, en promedio, los españoles pagaban, entre impuestos directos e indirectos de todo tipo –incluidas las cotizaciones a la SS–, un 20% o poco más de lo que ganaban. Ahora acaban pagando en media del 40% al 45%, incluyendo impuestos a su patrimonio acumulado después de pagar impuestos por las rentas obtenidas para poderlo acrecentar, de forma inmediata cada año, o bien al fallecer e ir a disponer de ese patrimonio sus legítimos herederos. Además, una parte importante de lo que los españoles pagan ahora al Estado no redunda en prestaciones o beneficios a los ciudadanos o a España como tal, porque se usa para abonar los intereses de la deuda pública viva, virtualmente inexistente al

---

7   Naturalmente, el problema, en su caso, proviene del gasto público no justificado por razones de verdadera utilidad pública. Cuando el Estado despilfarra, necesita más recaudación de impuestos para cubrir el gasto superfluo. Lo realmente innecesario, y generador de robo legal por la vía impuestos excesivos, es ese gasto superfluo.

inicio de la Transición. ¿Es esta mucha mayor presión fiscal una de las razones de un lamento que se repite mucho? ("antes con un sueldo en cada casa bastaba. Ahora casi no alcanza con dos"). En buena medida, debe serlo.

¿Por qué ha crecido tanto el gasto público en España en relación al PIB, y con ello, la presión fiscal que daña a las familias, y más en tiempos en que la automatización de procesos productivos con el uso intensivo de nuevas tecnologías ha llevado a grandes eficiencias y ganancias de productividad en la empresa privada? Por simplificar, por cuatro grandes razones:

1. Para comprar votos y pagar redes clientelares por vías como que haya muchos más empleados públicos de los necesarios, y prestaciones públicas muy generosas -con el dinero del contribuyente-, incluyendo pensiones de jubilación cuyo valor promedio supera ampliamente el valor actuarial de lo cotizado por los pensionistas, según han explicitado públicamente el Banco de España, el Instituto de Actuarios Españoles[8] o expertos en la materia como el economista José Antonio Herce, y como evidencia el enorme déficit de la Seguridad Social desde hace años.

2. Por la extensión del Estado de Bienestar mucho más allá de su encomiable concepción inicial (que nadie pase pobreza severa o tenga necesidades materiales básicas no cubiertas), incluyendo los gastos derivados de que haya en España varios millones de inmigrantes innecesarios para las necesidades del mercado laboral, pese a que el desempleo no ha bajado nunca de cuatro millones de parados reales desde 2008, y ha tenido niveles muy superiores hasta hace unos pocos años[9].

3. Ineficiencias de gasto en las administraciones públicas por duplicidades y pérdida de economías de escala en unas AAPP divididas entre la administración central del Estado, CCAA, diputaciones, cabildos o consejos insulares (en los archipiélagos), ayuntamientos, organismos autónomos y empresas públicas.

4. Por la inversión de la pirámide de población, debida sobre todo a la caída de la natalidad, sin que se hayan paliado sus efectos sobre la economía y el gasto público con retrasos en la edad de jubilación correlativos al sustancial –y feliz– retraso promedio del proceso de envejecimiento físico con la edad[10], lo que ha llevado a la existencia de una enorme masa de jubilados que cobran pensiones y generan mucho gasto sanitario, soportada por una población laboral que ha aumentado mucho menos. A finales de 1978, en España había 4 millones de personas con 65 años o más, y la pirámide de población tenía esa forma, la que la ha dado nombre en demografía. Ahora hay 10 millones de personas con 65 años o más, y la estructura de población por edades ya no tiene forma piramidal, con muchos menos trabajadores en activo por jubilado.

---

8   "La Seguridad Social paga a los jubilados una pensión un 28% superior a lo que cotizaron" (véase https://www.elconfidencial.com/economia/2019-10-31/seguridad-social-jubilacion-pensiones-cotizado-actuarial-724_2307264/)

9   En la última EPA disponible al redactarse este informe, la de T4-2023, con el paro virtualmente en mínimos de 16 años, se consignaban casi 3 millones de desempleados "oficiales", y 1,2 millones más de personas que no tenían empleo y querían trabajar, pero al no haber estado buscando trabajo en las semanas previas a la EPA, no se les consideraba oficialmente como "parados". En total, 4 millones muy holgados de parados reales. Y pese a esas abultadísimas cifras totales de desempleo, en 2023 vinieron a España 571.000 inmigrantes netos adicionales, según el INE.

10   La edad de jubilación se estableció en España en 65 años en 1918. Ahora, en general, incluso una persona de 75 años tiene en promedio mejor salud y vigor físico que una de 65 entonces. Además, en 1918, la inmensa mayoría de la fuerza laboral trabajaba en la agricultura y actividades extractivas, la industria o la construcción, labores duras y mucho menos mecanizadas todas ellas que ahora, mientras que en la actualidad la gran mayoría de la gente trabaja en el sector servicios.

8.2. Impuestos que llegan a lo confiscatorio

Es discutible a partir de qué porcentaje sobre los hechos gravados, y sobre lo que gana en total una determinada persona física o jurídica, es confiscatoria la fiscalidad[11], algo expresamente prohibido por el artículo 31 de la CE-78, y es lógico que lo esté, por ser inmoral y desincentivador de la actividad económica. Sobrepasar tipos del 50% para gravar un hecho imponible, o en relación a todo lo ganado por una persona a base de diversos impuestos y tasas, parece confiscatorio, sin duda[12]. Pues bien, los tipos marginales de IRPF en la España posterior a la Transición, en muchos momentos y lugares, han sobrepasado ese muy abusivo umbral del 50%. El tipo marginal de IRPF llegó al aberrante nivel del 65,51% en 1978. En 1991 era del 53%. En 2022 y 2023, en siete CCAA superó el 50%. Y quienes han sufrido un tipo de IRPF tan alto, además, han pagado todo tipo de impuestos indirectos adicionales.

De manera adicional, se han dado o se dan otros casos claros de confiscación fiscal:

1. El impuesto de patrimonio, una anomalía en Europa, que grava el patrimonio de las personas, acumulado después de haber pagado impuestos para acrecentarlo. Lo mismo cabe decir del impuesto de sucesiones a los familiares herederos de una persona que fallece.

2. El pago de impuestos por ganancias patrimoniales aparentes / nominales, pero no reales si se descuenta la inflación. Por ejemplo, si alguien invirtió 10.000 euros en acciones de la compañía XYZ en febrero de 2014 y las vendió en febrero de 2024 por 11.000 euros, aunque obtuvo 10% más en dinero corriente que lo invertido en su día, como el IPC acumulado subió un 21,9%, realmente perdió dinero con la inversión (10.000 euros en feb-2014 equivalían en poder adquisitivo a 12.194 euros en feb-2024). Y de esos 1.000 euros de plusvalía ficticia, esa persona habría tenido que pagar al Fisco de 210 a 280 euros (21% al 28% de tipo impositivo aplicable, en función del total de ganancias patrimoniales de esa persona en 2024). Con las viviendas, hasta hace algo más de una década, cuando un español vendía una casa, el impuesto de ganancias patrimoniales se aplicaba a la diferencia entre el precio de venta y el que el vendedor había pagado para adquirir ese mismo inmueble en el pasado, deflactándose este último por la inflación acumulada desde entonces, como era de justicia, por la desvalorización experimentada por el dinero con la inflación. Desde 2015, con el ministro Cristóbal Montoro en Hacienda –y después con su sucesora María Jesús Montero–, el vendedor no puede descontar el efecto de la depreciación del dinero a efectos de este impuesto, lo que magnifica de forma confiscatoria la base imponible sobre la que se aplica el tipo impositivo correspondiente del 21% al 28%.

---

11 Dos grandes precedentes sobre qué podría ser un tipo fiscal razonable son el tradicional diezmo romano o eclesiástico (10%), y el "quinto real" (20%) sobre los beneficios en las expediciones iniciales de Indias.

12 Que el Estado se lleve más del 50% de lo que un ciudadano ha ganado legítimamente con su esfuerzo / talento y/o arriesgando su dinero, es un reparto por completo inequitativo de lo que cada parte -el "obligado tributario", como se le llama ahora, y el Estado- ha hecho para que se produjera la ganancia sujeta a imposición fiscal. Si ya parece poco justo que el Estado se apropie de un tercio del valor del hecho imponible a quien lo ganó con el sudor de su frente, o arriesgando su patrimonio, no digamos si se lleva el 50% o más.

3. El impuesto de plusvalía municipal aplicado al vendedor de una vivienda sobre la revalorización teórica del suelo mientras la casa fue de su propiedad, que se cobraba aunque se vendiera el inmueble a un precio inferior al que costó en su día su adquisición. Un completo abuso que, tras años de cometerse, fue declarado ilegal por el Tribunal Constitucional.

8.3. Hay 1,5 millones de empleados públicos teóricamente innecesarios en 2023, que costarían más de 70.000 millones de euros de gasto público teóricamente superfluo

En la primera EPA hecha por el INE, en el 3er trimestre de 1976, en España había un asalariado público por cada 8,4 ocupados en la economía privada. En la EPA del 4º trimestre de 2023, la proporción era de 1 a 4,9 (y de 1 a 3,9 entre los nacidos en España, sin contar inmigrantes). De haberse mantenido la ratio de 1976, en España habría ahora 1,5 millones menos empleados públicos, los cuales, además, cobran bastante más de media que sus paisanos en el sector privado (45% más en 2022)[13]. El coste laboral teórico estimado de ese exceso de empleados públicos -funcionarios o no- habría superado en 2023 los 66.700 millones de euros, un 5% del PIB de 2023. A ese coste hay que añadir que cada empleado suele generar un gasto asociado del 10% al 30% más que su sueldo, entre espacio de oficina y su limpieza, ordenadores y material de oficina, consumo de electricidad, viajes (los que los hacen), gastos administrativos y otros indirectos asociados, formación, seguros, servicios externalizados, etc., lo que elevaría su coste total por encima de los 70.000 millones de euros.

Cuadro 1 . Exceso teórico de empleo público en 2023 vs 1976, y coste orientativo			
	T3-1976	T4-2023	Variación 1976-2023
Total ocupados (1)	12.777.300	21.246.900	66,3%
Ocupados en el sector privado	11.419.200	17.653.600	54,6%
Empleados públicos	1.358.100	3.593.300	164,6%
Exceso teórico de empleados públicos en 2023 según la proporción empleo público/privado de 1976		1.493.735	
Coste laboral por empleado público en 2023		44.697 €	
Coste laboral en exceso teórico de empleados públicos		66.765.467.377 €	
% de gastos adicionales + indirectos sobre masa salarial (*)		10%	
Sobrecoste total en empleados públicos en exceso		73.442.014.114 €	
(*) % orientativo del gasto en oficina, informática, limpieza, suministros, formación, seguros, gastos indirectos, etc.			
Fuente: Ocupados (EPA - INE), Coste empleo público (Encuesta trimestral de coste laboral T1 a T4 2023 - INE)			

El Cuadro 1 recoge los datos utilizados y la estimación de empleo público y gasto asociado teóricamente superfluo, de haberse mantenido en las AAPP españolas el nivel de austeridad de 1976, y ello sin contar con los beneficios de eficiencia y productividad por las mejoras tecnológicas de que disfrutan las empresas en 2023 en relación a 1976.

---

13 Véase https://www.abc.es/economia/brecha-salario-publico-privado-cae-dos-anos-20231211041511-nt.html

8.4. Una tasa de paro inaceptablemente alta desde hace más de 40 años, y en especial entre los jóvenes

Artículo 40. Redistribución de la renta. Pleno empleo

1. Los poderes públicos promoverán las condiciones favorables para el progreso social y económico y para una distribución de la renta regional y personal más equitativa, en el marco de una política de estabilidad económica. De manera especial, realizarán una política orientada al pleno empleo.

Un alto porcentaje de familias españolas se han visto afectadas desde hace 45 años por unas tasas de paro desconocidas en España antes de la CE-78, y anómalas en casi toda Europa. Esa tasa de paro es y ha sido especialmente elevada entre los jóvenes, dificultando en muchos de ellos la formación de un hogar y una familia con hijos propios, y no deja en buen lugar a los responsables de la cosa pública desde 1978 en relación al artículo 48 de la Constitución: "Los poderes públicos promoverán las condiciones para la participación libre y eficaz de la juventud en el desarrollo político, social, económico y cultural". Si un país o región sufre puntualmente una tasa de paro elevada, tiene un problema temporal. Cuando lo sufre de forma permanente, es un problema estructural. Muchas cosas importantes se han hecho mal de manera sistemática en la España constitucional para sufrir tasas endémicas de paro tan elevadas de forma continua, en perjuicio de los afectados y sus familias. "Spain is different" en esto, sí, pero para mal. Y no debería serlo. Desde 1995 a 2022, en la serie más reciente de Eurostat, España tuvo en promedio la tasa de paro más elevada de la UE, y el segundo mayor desempleo juvenil –tras Grecia– entre la población de 15 a 29 años.

Gráfico 8. Tasa de paro de T3-1976 a T4-2024, y paro medio 1976-2024

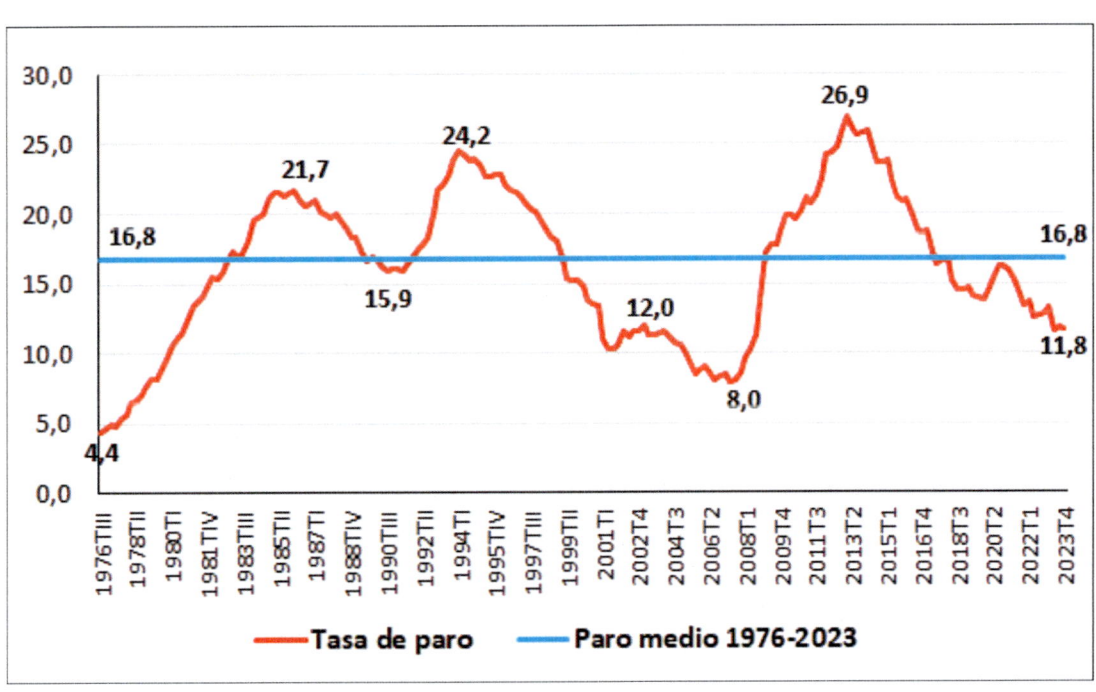

Fuente: Encuesta de Población Activa (INE)

Gráfico 9. Tasa de paro juvenil de T1-2002 a T4-2024

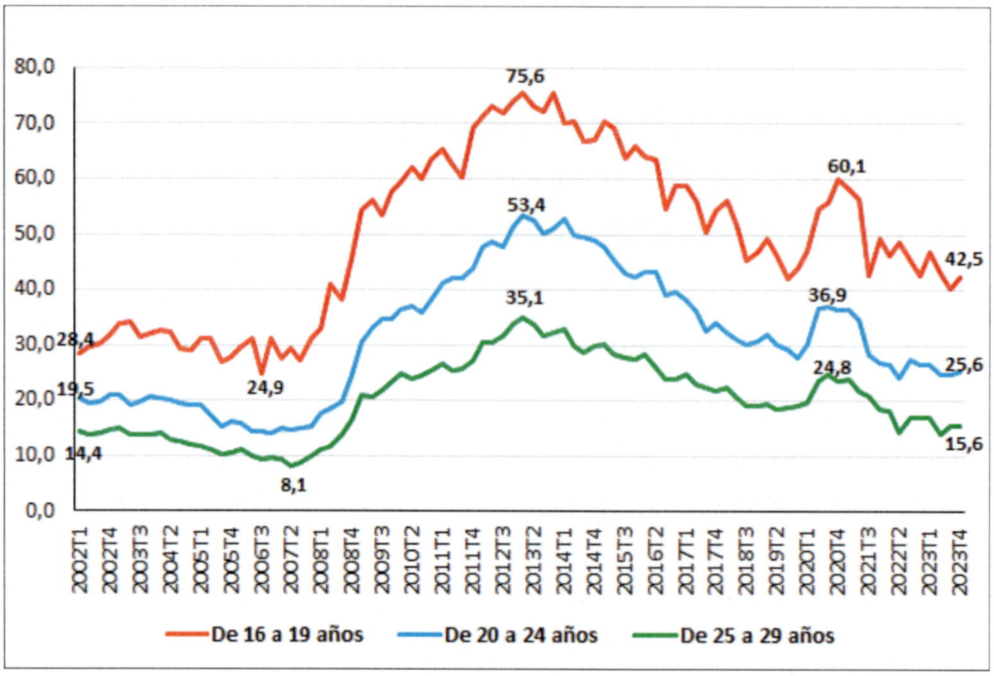

Fuente: Encuesta de Población Activa (INE)

8.5. Dificultades en el acceso a la vivienda, con perjuicio especial a las familias humildes y la emancipación de los jóvenes

Artículo 47. Derecho a la vivienda. Utilización del suelo

Todos los españoles tienen derecho a disfrutar de una vivienda digna y adecuada. Los poderes públicos promoverán las condiciones necesarias y establecerán las normas pertinentes para hacer efectivo este derecho, regulando la utilización del suelo de acuerdo con el interés general para impedir la especulación. La comunidad participará en las plusvalías que genere la acción urbanística de los entes públicos.

Mucho –demasiado– se ha incumplido la Constitución en materia de vivienda y de suelo, con grave perjuicio para las clases populares y los jóvenes en edad de emancipación del hogar paterno. En las últimas décadas se han hecho en España grandes fortunas por promotores inmobiliarios que compraron suelo barato no urbanizable en zonas urbanas, con la "buena fortuna" para ellos de que ese suelo fue posteriormente recalificado por el ayuntamiento de turno como apto para la construcción de viviendas, y así pudieron ganar luego mucho dinero, revendiéndolo o edificando ellos mismos sobre ese suelo. La otra cara de esa moneda ha sido el encarecimiento que la recalificación selectiva de suelo ha entrañado para el comprador de vivienda. También tuvo mucho que ver con esto la gran crisis económica de 2008 a 2014 (la llamada "Gran Recesión"), que fue especialmente profunda y larga en España por el hundimiento de muchas cajas de ahorro repletas de préstamos fallidos para adquisición o promoción de viviendas, tras la gran burbuja inmobiliaria que estalló a partir de 2007-2008.

Cuadro 2 . Viviendas protegidas y crecimiento de la población con 21 años o más (1) de 1960 a 2018 en España			
	1960 a 1978	1979 a 1997	1998 a 2018
Nuevas viviendas protegidas (millones)	3,3	1,8	0,9
Aumento de población con 21 años o más (millones) (1)	5,5	7,0	7,1
Nuevas viviendas protegidas por cada cien habitantes adicionales con 21 años o más	**59**	**26**	**13**

Fuente: "La política de vivienda en España durante el franquismo" (Alfonso Fernández Carbajal - Ministerio de Fomento, 2003); "La vivienda protegida y el alquiler social en España" (Defensor del Pueblo - 2019); "Arquitectura moderna y contemporánea" (David Armero Jiménez - 2020); Censo de Población y viviendas de 1960 y Estadística Continua de Población (INE)

(1) Se usan los 21 años porque era la mayoría de edad hasta 1978, y porque poca gente se emancipa con menos de 21

De forma correlativa, en España se ha tendido a construir menos y menos vivienda protegida, una de las grandes claves del acceso masivo a la vivienda en propiedad de los españoles de clase media-baja y baja en los años 60 y 70, como se aprecia en el Cuadro 2. En 1978, en torno al 40% de los españoles residía en una vivienda de protección oficial construida en los 35 años previos, porcentaje que superaría ampliamente el 50% entre la mitad menos pudiente de la población.

Por otra parte, además de lo anterior, la fiscalidad sobre la vivienda, tanto directa (a su adquisición) como indirecta (a las empresas involucradas en todas las etapas desde la adquisición de suelo a la entrega de viviendas terminadas), así como a su transmisión entre particulares, ha aumentado en línea con el incremento de la presión fiscal en España, encareciendo el coste de las casas.

Finalmente, en los últimos años las cosas han empeorado por aflujo masivo de inmigrantes con necesidades de vivienda en muchas zonas densamente pobladas de España, como Madrid, Barcelona y otras grandes ciudades y sus municipios colindantes, por la negligencia / tolerancia oficial ante la "ocupación de viviendas", y por la vuelta reciente a la sobreprotección legal de los inquilinos morosos, así como de los impagadores de préstamos para adquisición de viviendas que moren en ellas. Cuanto más difícil piensen los dueños de pisos que les será recuperarlos de inquilinos que dejen de pagarles de forma reiterada, menos viviendas habrá en oferta y más difícil le será acceder al alquiler a las personas / familias con más riesgo para los propietarios, esto es, las que menos holgura y seguridad económica tienen. Y cuanto más difícil sea para los bancos embargar para resarcirse un inmueble con hipoteca en mora persistente, más se endurecerán las condiciones de los préstamos hipotecarios.

El resultado de lo anterior ha sido y es una mayor dificultad de acceso a la vivienda para los jóvenes y las familias de clases media-baja y baja (actualmente, además de muchos españoles, el grueso de la población inmigrante). Y por ende, más dificultad para la emancipación de los jóvenes del hogar paterno, que se ha retrasado en media desde los 25 años a mediados de los 70, a unos 30 años en la actualidad. Esa emancipación más tardía retrasa la edad de formar familia propia y de empezar a tener hijos, con incidencia negativa en la tasa de fecundidad y en el aumento de la edad media a la que se tiene el primer hijo -y subsiguientes-, que ya es de 32 años entre las españolas. No es una edad promedio ideal para tener el primer hijo desde el punto de vista biológico, y supera en siete años holgados la que había en la etapa constituyente.

8.6. El endeudamiento del Estado es una pesada carga futura para las familias, y merma utilidad social al gasto público / impuestos actuales

Cuando empezó la Transición, en 1976, la deuda pública de España era del 7% del PIB. En febrero de 2024 era casi el 110% del PIB. Como dueñas de "España S. A.", sus familias son, a término, las titulares de esa deuda contraída en su nombre por los sucesivos equipos de gobierno de las diferentes AAPP. Es una deuda que lastra la renta real futura de las familias. Y en el presente, su servicio de intereses implica que actualmente (datos de 2022) el 5% de los impuestos que se pagan no redunda en bienes y servicios de valor para los españoles como tales, porque va a parar a los tenedores de deuda pública española. Dicho de otra forma, un 2,4% del PIB de España no redunda en riqueza para las familias españolas –salvo las que hubieran invertido de forma directa o indirecta en nuestra deuda pública–, porque se destina al pago de intereses de la deuda.

8.7. La ínfima cuantía del pago a la Hacienda común por los conciertos económicos vasco y navarro, contraria a los artículos 31.2 y 40.1 de la Constitución[14]

Artículo 31. Sistema Tributario
2. El gasto público realizará una asignación equitativa de los recursos públicos, y su programación y ejecución responderán a los criterios de eficiencia y economía.

Artículo 40. Redistribución de la renta
1. Los poderes públicos promoverán las condiciones favorables para el progreso social y económico y para una distribución de la renta regional y personal más equitativa, en el marco de una política de estabilidad económica.

"Todos los animales somos iguales, pero algunos animales son más iguales que otros"
("Rebelión en la Granja" – George Orwell)

El presupuesto por habitante combinado en servicios y prestaciones del Gobierno Vasco y las diputaciones provinciales vascas, y de la Diputación Foral de Navarra (con un papel dual de gobierno autonómico y diputación provincial), es muy superior al equivalente en el resto de CCAA y las diputaciones de sus provincias (donde éstas últimas siguen existiendo, pues ya no hay diputación en comunidades uniprovinciales

---

14 En este apartado se reproduce de forma casi literal una gran parte del epígrafe "Indicadores del privilegio fiscal vasco" del informe del CEU-CEFAS "El éxodo vasco como consecuencia de la persecución ideológica" (2022), disponible en https://cefas.ceu.es/wp-content/uploads/Informe_02_CEU-Cefas.pdf.

como Madrid, Murcia, Asturias o Cantabria). Esto supone una asignación muy inequitativa de recursos públicos en la dimensión regional. Es algo claramente inconstitucional, que en el ámbito familiar redunda en beneficio de las familias vascas y navarras, por una parte, y en perjuicio de la carga fiscal / beneficios por gasto público de las familias del resto de España, por otra.

El Gobierno Vasco suele alegar sobre este asunto que tiene más competencias que otras comunidades, pero hay muchas competencias transferidas a todas las CCAA, y en concreto, las de mayor volumen de gasto (sanidad y educación), que permiten una comparación homogénea, y al hacerlo se aprecia con facilidad la sobrefinanciación vasca. Si comparamos el gasto vasco por habitante en sanidad y educación con el de la Comunidad de Madrid, la de mayor renta per cápita de España, el resultado es elocuente:

- En sanidad, el gasto del Gobierno Vasco por habitante en 2022 fue casi 1,6 veces el del ejecutivo autonómico madrileño. Teniendo en cuenta que la población vasca está más envejecida que la madrileña, y dividiendo el gasto sanitario entre el número de mayores de 64 años, el desequilibrio sería menor, pero sigue siendo apreciable: 1,2 a 1. Ese mayor gasto por habitante en sanidad no redunda en una mayor esperanza de vida, que es un año superior en la Comunidad de Madrid que en el País Vasco.

- En educación, el gasto del Gobierno Vasco por habitante en 2022 fue casi 1,8 veces el del ejecutivo autonómico madrileño. Pero como el peso de la población infantil y juvenil es menor en el País Vasco, dividiendo el gasto educativo autonómico por el número de menores de 24 años, el desequilibrio aumentaría hasta 2 a 1. Sin embargo, y pese a que en Madrid hay más porcentaje de inmigrantes de primera y segunda generación entre los menores de 20 años –los cuales consumen, en su inmensa mayoría, enseñanza pública y no privada, y en media obtienen peores resultados académicos–, en los informes PISA y pruebas como PIRL de comprensión lectora, los alumnos vascos no obtienen mejores calificaciones que los madrileños en general.

- En el ámbito provincial, las diputaciones forales tienen presupuestos por habitante muy superiores a los del resto de provincias con diputación. Y ello pese a que, en el caso vasco, que no en el navarro, las provincias del País Vasco son pequeñas de tamaño (entre las tres suman 7.234 km cuadrados, casi 800 menos que Madrid, a su vez una provincia de menor tamaño que la media nacional), y no existen en ellas zonas extensas con muy baja densidad de población, una de las áreas típicas de utilidad social y actuación de las diputaciones provinciales. Sin contar financiación municipal, para 2023, la Diputación Foral de Álava (provincia con 330.000 habitantes y 3.037 km cuadrados de superficie) tenía un presupuesto de gasto de unos 530 millones de euros. El presupuesto de gasto de la Diputación Foral de Guipúzcoa (715.000 habitantes, 1.997 km cuadrados) ascendió a unos 1.100 millones de euros. Y el de la DF de Vizcaya (1.130.000 habitantes, 2.217 km cuadrados), a unos 2.000 millones de euros. En contraste, por ejemplo, el presupuesto de la Diputación provincial de Burgos (350.000 habitantes, 14.292 km cuadrados) fue de 146 millones de euros para 2023. La de Alicante (1.920.000 habitantes, 5.816 km cuadrados) lo estableció en 284 millones de euros y la de Lérida (439.000 habitantes, 12.150 km cuadrados) en 150 millones de euros escasos.

En contraste con esa abundancia de gasto público per cápita autonómico y de las diputaciones forales, el cupo vasco de 2023, con el que la segunda comunidad autónoma de España en renta per cápita contribuye a los gastos comunes del Estado en lo que no le haya sido transferido (Justicia, relaciones exteriores, fuerzas armadas y control de fronteras, Seguridad Social, otras funciones ministeriales y de organismos autónomos del Estado, etc.) fue fijado en 1.680 millones de euros. Ese dinero, apenas un 2% del PIB vasco de 2023, y solo 1,3% si le descontamos las inversiones directas en infraestructuras y otros conceptos de la Admon. Central del Estado presupuestadas para 2023 en la C. A. Vasca (559 millones de euros), apenas dio para cubrir el 30% del déficit de pensiones vasco[15]. Y si el modelo de financiación privilegiada vasco-navarra se reproduce en Cataluña, como pretenden los nacionalistas catalanes, y cuentan con especial fuerza para lograrlo tras las elecciones de 2023, la falta de equidad fiscal entre españoles de distintas CCAA sería aún mucho más pronunciada, porque Cataluña tiene casi el triple de población que el País Vasco y Navarra combinados.

9. Los españoles tienen la mayor esperanza de vida de la UE; y los madrileños, del mundo

Artículo 43. Protección a la salud

1. Se reconoce el derecho a la protección de la salud.
2. Compete a los poderes públicos organizar y tutelar la salud pública a través de medidas preventivas y de las prestaciones y servicios necesarios. La ley establecerá los derechos y deberes de todos al respecto.

En materia de sanidad, que tanto valor tiene para las personas concretas y sus familias, los últimos 45 años han sido un período muy fructífero. En líneas generales, y sin entrar a valorar la eficiencia en el gasto público en este punto, el artículo 43 de la Constitución se ha cumplido hasta ahora muy satisfactoriamente, a juzgar por los resultados ("por sus frutos los conoceréis").

En España, a comienzos del siglo XX, la esperanza de vida al nacer era mucho menor que en la Europa más desarrollada. Con Suecia, por ejemplo, la diferencia era de 18 años. En las tres primeras décadas del siglo XX, la esperanza de vida creció con fuerza en nuestro país. Se estancó en términos netos en los años 30 (aumentó algo antes de la guerra civil, pero luego cayó como consecuencia de esta y la precariedad en la primerísima posguerra). En los años 40, aun siendo muy duros por la posguerra de un enfrentamiento fratricida, y con la mayor guerra de la Historia desarrollándose en Europa, experimentó su mayor crecimiento histórico (12 años entre 1940 y 1950, de 50 a 62 años). De

---

15 En 2023, en el País Vasco, la Seguridad Social pagó en pensiones de jubilación, viudedad y otras una suma superior en más de 5.600 millones de euros a lo recaudado allí por cotizaciones sociales, según datos de la Seguridad Social. Fue una inyección neta de dinero "del Estado" en la Comunidad Autónoma Vasca equivalente al 6,7% de su PIB de 2023, aproximadamente. Sin ella, se tendrían que haber reducido las pensiones vascas un 46%, o bien los vascos habrían tenido que pagar de media en cargas fiscales 2.500 euros más per cápita, o unos 6.000 euros más por hogar. Véase https://www.seg-social.es/wps/portal/wss/internet/InformacionEconomicoFinanciera/393/3378/ b8496aa2-b3dc-46c0-9170-d69b30dd84cb/66b67f3d-a082-4246-8bbe-aa4ecdc5e131/9d4790e1-52c6-4a1b-ba55-6a45ba87b624

1950 al final del franquismo completó su convergencia con la media de la Europa rica, sobrepasando ya a mediados de los años 70 a países tan pujantes y avanzados como Alemania o Austria. Después, ya bajo la Constitución de 1978, siguió creciendo hasta ponerse a la cabeza de la UE, más o menos a la par con Suiza, y solo por debajo de Japón en el mundo, con puntos singulares como la Comunidad de Madrid por encima incluso de cualquier prefectura de Japón, y cuatro CCAA más entre las doce primeras regiones de la UE en 2019 (Navarra, Castilla y León, País Vasco y Aragón)[16], figurando también Cataluña, Baleares y La Rioja entre las veinte primeras. Mejor aún, Madrid es la capital o ciudad con más de un millón de habitantes con mayor esperanza de vida del mundo (datos de 2019, pre-pandemia, que muy probablemente se habrán recuperado en 2023, una vez superada del todo la pandemia de covid-19). Y además, con un gran grado de cohesión social, ya que la esperanza de vida en los dos distritos capitalinos donde es más baja (Puente de Vallecas y Villa de Vallecas) es superior a la de Suecia. Una esperanza de vida alta no solo es un excelente indicador, por ser la vida lo más valioso, sino que no se puede lograr sin un buen sistema sanitario (en el caso español, tanto el público como el privado) y una gran cohesión social, con unos mínimos para toda la población en materia de alimentación, higiene, salubridad en la vivienda y agua potable, y por supuesto, de cuidados médicos. En este punto tan importante sí han sido fructíferos los últimos 45 años en España.

En los últimos tiempos hay muchas quejas sobre congestión en el sistema sanitario –no solo el público, también en parte el privado–, a lo que contribuirían de forma muy relevante el envejecimiento de la población y la llegada masiva de inmigrantes. Por esas razones, seguir gozando de una calidad creciente de los servicios sanitarios y sustanciales mejoras continuadas de la esperanza de vida, como en los últimos 80 años en España, no está en absoluto garantizado para los próximos años y décadas.

10. Pensiones y buen trato a los jubilados. Una promesa constitucional sobrecumplida, a costa del contribuyente, las familias y la pujanza de la economía

Artículo 50. Tercera edad

Los poderes públicos garantizarán, mediante pensiones adecuadas y periódicamente actualizadas, la suficiencia económica a los ciudadanos durante la tercera edad. Asimismo, y con independencia de las obligaciones familiares, promoverán su bienestar mediante un sistema de servicios sociales que atenderán sus problemas específicos de salud, vivienda, cultura y ocio.

El número 50 es un artículo de la Constitución que se ha cumplido por demás, bien por la *enorme bondad* de los políticos españoles para con los mayores, bien por razones electorales[17]. Las pensiones de jubilación

---

16 En total, entre la UE más el Reino Unido hay unas 240 regiones llamadas NUTS 2 en la nomenclatura europea. Es el nivel de nuestras CCAA. Las llamadas NUTS 3, más de 1.100, son del nivel de nuestras provincias y grandes islas.

17 Los jubilados eran el 25,5% del censo electoral en julio de 2023. Como se abstienen menos que la media, su peso electoral real es incluso superior, y creciente. El riesgo de una supuesta rebaja de pensiones, esgrimido por uno de los candidatos justo cuando finalizaba el último gran debate electoral

en España son, en promedio, de un valor actuarial muy superior a lo cotizado por los pensionistas –*infinitamente superior* en el caso de las no contributivas–, y la Seguridad Social registra abultados déficits cada año. Y respecto del último sueldo / ingreso laboral del jubilado, tienen un valor muy alto entre los países de la OCDE en general, y europeos en concreto (la llamada "tasa de sustitución"[18]). Asimismo, la altísima esperanza de vida de España no sería compatible con pensiones de jubilación –y cuidados médicos a los muy senior y ancianos– muy escasas. Además, el Estado ha gastado en las últimas décadas mucho dinero también en actividades culturales para los jubilados, como los viajes del IMSERSO.

Como (casi) nada es gratis en economía, la otra cara de esta moneda es que ese excelente trato a los jubilados drena ingentes recursos a la economía y los contribuyentes, incluidas las familias españolas en edad de criar hijos (los descendientes de los pensionistas), y ha contribuido a peligrosos y costosos déficits en las cuentas públicas. Lo ocurrido en la llamada Gran Recesión en España con las pensiones fue muy elocuente. Con un PIB y cotizaciones de la Seguridad Social a la baja; el déficit público, la deuda pública y la prima de riesgo disparados; la tasa de paro por las nubes; recortes de sueldos en muchas empresas y congelación salarial a los funcionarios; muchos empresarios arruinados; necesidad de inyectar mucho dinero público en las cajas de ahorro quebradas, para que la economía no se derrumbase... ¡la pensión media incluso ganó poder adquisitivo! Se habló mucho entonces de que no pocas familias habían podido sobrevivir gracias a "la pensión del abuelo", un fenómeno de cuya magnitud no hay datos para calibrarlo (¿pasó en el 20% de las familias, en el 30%, en el 40%?). Y que donde efectivamente se diera, estuvo muy bien, pero que no justifica que se subieran con gran generosidad para un contexto de grave crisis económica *todas* las pensiones de jubilación, tanto de aquellos pensionistas que ayudaron económicamente a sus familias como de los muchos otros que no tuvieron que hacerlo[19], o no quisieron.

---

en las elecciones generales de 1993, cuando los jubilados eran bastantes menos que ahora entre los votantes, se cree que fue decisivo para decantar el resultado electoral a su favor. Desde entonces, los jubilados son un (el) segmento electoral privilegiado por casi todos los políticos españoles.

18 Según datos de la OCDE en su estudio anual "Pensions at a Glance 2019", la tasa bruta de reemplazo en España para un salario medio era del 72,3%. Para ponerlo en perspectiva, la media de los países de la OCDE era del 49%, y la de los países de la Unión Europea era del 52%. Fuente: ¿Qué es la tasa de reemplazo de las pensiones? - BBVA Mi jubilación (jubilaciondefuturo.es).

19 Presumiblemente, la inmensa mayoría de los jubilados no tuvieron que socorrer a sus hijos y nietos, puesto que la tasa de paro de los españoles, aunque subió muchísimo en la Gran Recesión, tocó un máximo del 25% en el primer trimestre de 2013 (por un 39% para los inmigrantes en ese período). Y muy pocos inmigrantes tenían en España a un progenitor o abuelo jubilado.

Cuadro 3. Evolución 2007-2014 en España del PIB, las pensiones y otras magnitudes económicas relevantes			
Indicadores	**2007**	**2014**	**Variación**
PIB a precios de mercado (Millones de €)	**1.075.539**	**1.032.158**	**-4,0%**
PIB per cápita (€)	23.776	22.218	-6,6%
Ingresos por cotizaciones de la Seguridad Social (Mill €)	101.512	97.763	-3,7%
Deflactor de PIB	96,9	99,5	3%
Índice de precios al consumo (IPC) (1)	89,1	100,7	13%
Gasto base en pensiones de jubilación contributivas (Mill €)	**52.085**	**73.551**	**41,2%**
Gasto total estimado en jubilaciones contributivas, con complementos a mínimos (2) (Mill €)	52.085	78.808	51%
Núm. Medio de pensiones de jubilación	4.894.867	5.558.964	13,6%
Pensión media contributiva (euros constantes de 2007)	10.641	11.700	**10%**
Pensión media contributiva con complemento a mínimos (euros constantes de 2007)	10.641	12.536	**18%**
Gasto total en pensiones y prestaciones de la S. Social (Mill €)	91.250	124.262	36%
Gasto total en pensiones y prestaciones SS en % de PIB	8,5%	12,0%	42%
Deuda pública viva a fin de año (Mill €)	384.662	1.039.388	170%
Déficit / superávit público (Mill €)	20.287	-61.056	-401%
(1) Una parte apreciable de la subida del IPC en esa gran crisis se debió a subidas de impuestos. (2) Incluye pensiones no contributivas y estimación a prorrata de complementos a mínimos de pensiones contributivas, pero no pensiones no contributivas. En los informes estadísticos de 2007 de la Seguridad Social no figuran importes de complementos a mínimos en pensiones, cosa que sí ocurre en los de 2014. Fuente: INE, Datos Macro, Seguridad Social, Banco Mundial			

Las magnitudes que se aprecian en el Cuadro 3 son muy elocuentes sobre el trato privilegiado a los jubilados[20].

Las cosas siguen en años más recientes en una línea parecida, como cabía esperar por haber cada vez más pensionistas. En 2019 la Seguridad Social recaudó 91.979 millones de euros en cotizaciones (7,38% del PIB). En 2022, 113.251 (8,52% del PIB), un 23,1%, más que en 2019. Entre tanto, el PIB creció un 6,7% nominal y cayó un 1,3% real. Y en 2023 se aprobó un nuevo aumento de las cotizaciones a la SS. ¡Una sociedad que priorice al 100% el bienestar senil sobre el de los jóvenes, las familias en edad de criar los pocos niños que nacen y las empresas, por razones electorales derivadas del invierno demográfico, se autoconsumirá! (y además, en el caso de España, al obrar así se incumplen de forma clara diversos artículos de su Constitución).

11. Conclusiones y consideraciones finales

Este informe es un repaso no exhaustivo sobre lo que dice la Constitución de 1978 en relación a la familia, de manera directa o indirecta, y lo que ha ocurrido desde que la CE-78 está en vigor. Como se puede apreciar,

---

20 Este trato privilegiado no es algo a reprochar a los pensionistas, los cuales, como todo prójimo, tienen que velar por lo suyo. Es consecuencia lógica del envejecimiento de la sociedad y de la falta de estadistas entre la clase política contemporánea, salvo que toda la sociedad -jubilados incluidos- tomen conciencia de que un trato excesivamente privilegiado a los pensionistas puede hundir la economía, lo cual sería malo también para ellos mismos a la larga, como en lo inmediato ya lo es para sus propios hijos o nietos, por la sobrecarga fiscal que precisa para el pago de pensiones. Y es que, parafraseando a Jesucristo en las Bienaventuranzas, para un político español promedio, "bienaventurados sean los jubilados, porque de ellos es y será el reino de los votos".

en muchos puntos muy importantes, o bien los políticos constituyentes se pasaron de buenistas y de intentar agradar, o bien los que gobernaron España de 1979 en adelante -muchos de los cuales participaron en el proceso constituyente-, con algunas zonas de luz, no lo han hecho nada bien para la familia en relación a temas esenciales. En líneas generales y con datos objetivos en la mano, la familia en España es ahora mucho más débil que lo que fue tradicionalmente en nuestro país con anterioridad a la etapa constituyente de 1977-1978. Lo es en relación a su formación (ahora, muy baja nupcialidad, y con novios en primeras nupcias, cuando las hay, de mucha más edad promedio) y a su estabilidad (ahora, muy alta divorcialidad). Y sobre todo, y muy ligado a lo anterior, lo es en relación a algo letal para la sociedad si no se corrige: la baja tasa de fecundidad (número medio de hijos por mujer). Todo ello, además, lleva a un gran empobrecimiento afectivo y altas tasas de soledad en la infancia (por falta de hermanos y muchas veces de uno de los progenitores en el hogar, generalmente el padre), y en la edad adulta y la vejez (por no convivir con una pareja estable y/o no tener hijos).

Siendo justos, no toda la responsabilidad de lo ocurrido en España en los últimos 45 años es de los políticos, por tres grandes razones:

1. Los intelectuales/académicos y los creadores de opinión pública por la vía mediática influyen mucho en los políticos y el electorado. Y con escasas excepciones, poco han hablado y advertido sobre el hundimiento de la familia y la natalidad en los últimos 45 años.

2. En democracia, a la larga, como decía Winston Churchill, los pueblos tienen lo que se merecen. Y los españoles han apoyado reiteradamente de forma muy mayoritaria en las urnas a políticos que no han sabido o querido defender a la familia y apoyar la natalidad.

3. La política no lo es todo. Los empresarios y trabajadores, y la sociedad civil en general, cuentan muchísimo también en el devenir de las sociedades. Y cada español individual ha sido esencialmente libre de querer casarse o no, de divorciarse –en su caso- o no, de tener hijos o no, de abortar o no (caso de las mujeres. Y sus parejas, si conocían el embarazo, de impulsar/apoyar o lo contrario el eventual aborto), etc.

Tampoco es *culpa* de la CE-78 como tal el haber sido incumplida en tantos puntos importantes, salvo en aquellos en que fuera muy complicado cumplirla, por contener mandatos o promesas intrínsecamente difíciles de satisfacer, bien por ser excesivamente buenistas, bien por ser contradictorios con otras partes de la propia Constitución.

En todo caso, de cara al futuro, o la sociedad española corrige el rumbo en muchos de los problemas que se exponen en este estudio y que afectan gravemente a la pujanza de sus familias, o lo pasará mal.

ANEXO I. Políticas económicas para la familia

Por Rubén Manso Olivar, economista y ex-diputado nacional

¿Qué políticas económicas necesitan las familias? ¿Cuáles son las actuaciones que desde el Estado deben llevarse a cabo para dar cumplimiento al artículo 39 de la Constitución Española de 1978 (en adelante la CE-78), la vigente, que en su apartado 1 reza así: "Los poderes públicos aseguran la protección social, económica y jurídica de la familia".

La protección de las familias no puede significar otra cosa, en este contexto, que la definición de las políticas públicas que permitan a las mismas el desarrollo de sus capacidades plenas. El desarrollo de dichas capacidades exige que la institución familiar tenga cubiertas una serie de necesidades de cuya provisión debe autoabastecerse. Esta expresión, autoabastecerse, puede sonar muy fuerte en el contexto actual, donde todo lo que se considera digno de protección parece que exige al Estado su provisión. Este modo de razonar, equivocado bajo nuestro punto de vista, convierte a los sujetos dignos de protección en dependientes del poder político y, lo que es peor, lejos de alcanzar sus objetivos los convierte en entes disfuncionales.

Al fin y al cabo, el que te mantiene fija tus fines y si tus fines no son tuyos propios, te convierte en otra cosa distinta de lo que eres. Dicho de otro modo, una institución cuyos fines son fijados desde fuera por un tercero, se convierte en algo distinto de lo que la definía hasta que dicho tercero tomó su control. Desde ese momento sirve a los intereses del controlador, que no son los suyos, y sus funciones primigenias quedan desatendidas, total o parcialmente. De aplicarse hasta sus últimas consecuencias la lógica moderna de ente especialmente protegido por el poder político, las familias terminarán siendo una curiosidad antropológica digna de reclusión en las reservas naturales correspondientes.

Las funciones de la familia son el bien de los esposos y la procreación y educación de los hijos, según reza con acierto el Catecismo de la Iglesia Católica (en adelante CIC) en su punto 2201. La procreación y educación de los hijos, como toda actividad humana, define unas necesidades y exige unos recursos que aplicar a las mismas. Así, para poder definir unas políticas económicas orientadas a la protección de las familias, para que desarrollen sus funciones, primero necesitamos definir las necesidades qué tienen las mismas y reflexionar sobre el modo en que se abastecen de las mismas. Más adelante nos centraremos en los modos de consecución de los recursos. De la interacción entre necesidades y recursos, surge la actividad humana tendente a dar el mejor y más eficiente uso a los segundos para cubrir lo más posible las primeras, que no son sino fruto de las funciones que la institución desarrolla y la definen. En ocasiones, habrá necesidades que no puedan llegar a satisfacerse, al menos en las condiciones pretendidas. En cualquier caso, y como la definición de lo que es una necesidad es puramente individual, necesitamos un acuerdo sobre cuáles son las que una familia debe cubrir.

Utilizando la tipología de necesidades de Maslow y simplificándola, bien podríamos definir las que tiene una familia en tres grandes grupos: básicas (o fisiológicas, según el autor), de seguridad y de pertenencia, auto-estima o realización (agrupando las tres categorías superiores según el mismo tratadista). Todas ellas, vienen recogidas en la CE-78.

Necesidad	Tipo (adaptación de tipología de Maslow)
Alimentación	Básica
Vestido	Básica
Vivienda	Básica
Sanidad	Seguridad
Protección económica frente a la incertidumbre	Seguridad
Educación	Pertenencia, autoestima y realización

La CE-78 reconoce el derecho a la Educación (arts. 27.1 y 27.5), a la vivienda (art.47), a la protección de la salud (art.43), a la protección económica frente a la incertidumbre (art. 41) y a la protección social, económica y jurídica de la familia (art.30). En ningún caso, este reconocimiento de derechos y obligaciones públicas de protección indica que el Estado tenga la obligación de prestar las necesidades que se enuncian. De hecho, la obligación de prestar asistencia tan sólo es de los padres a los hijos menores o en otras circunstancias de incapacidad para autosostenerse, de acuerdo con el artículo 30.3 de la CE-78.

En países como España, el discurso político insiste mucho en la provisión pública de la Educación, la Sanidad y los esquemas de protección económica frente a la incertidumbre (básicamente: jubilación, desempleo e incapacidad), hasta el punto de que es el Estado el principal provisor de dichos servicios que la CE-78 sólo le obliga a asegurar. El Estado ha confundido su deber de asegurar estas necesidades con el de proveerlas, con-virtiéndose así, de facto, en el principal productor de dichos servicios, cuando no en el monopolista de hecho. De este modo se ha subvertido el principio de subsidiariedad recogido, a los efectos de ayuda a la familia, en el punto 2209 del CIC. Llama la atención que para otras necesidades más básicas, más necesarias si se quiere en tanto son presupuesto de las siguientes, como la alimentación y el vestido, el poder político no se arrogue su provisión y se conforme con surtir a las familias necesitadas de los medios financieros necesarios para su adquisición al sector privado, que se ha mostrado más eficiente en su producción y distribución. La provisión de alojamiento para las familias es un campo mixto que en España es atendido muy mayoritariamente por el sector privado, probablemente porque, a pesar de las quejas contra un bien de tanto valor y dificultad de acceso, el mercado se ha demostrado más eficiente en su producción.

ANEXO II. Relación entre familia y sociedad en el Catecismo de la Iglesia católica: grandes coincidencias con la CE-78, y dos diferencias conceptuales de envergadura

Por su relevancia en relación al tema tratado, se reproducen tres puntos del Catecismo de la Iglesia Católica sobre las relaciones entre la familia y la comunidad social y política. Su contenido, en líneas generales, está muy alineado con la CE-78 en estas materias. Pero ambos textos difieren en dos cuestiones de gran calado, en las que el Catecismo defiende ideas con gran valor para las familias y la sociedad en general, se sea o no cristiano:

- Mención explícita al principio de subsidiariedad en relación a la familia, tanto por razones de eficacia y eficiencia -al ocuparse libremente los individuos, familias y otros cuerpos sociales intermedios de los asuntos de su directa incumbencia que puedan abordar de forma satisfactoria-, como de prevención de un Estado invasivo/totalitario.
- Protección de la estabilidad del vínculo conyugal, beneficiosa para los hijos y la natalidad.

2209 La familia debe ser ayudada y defendida mediante medidas sociales apropiadas. Cuando las familias no son capaces de realizar sus funciones, los otros cuerpos sociales tienen el deber de ayudarlas y de sostener la institución familiar. En conformidad con el principio de **subsidiariedad**, las comunidades más numerosas deben **abstenerse de privar** a las familias de sus propios derechos y de **inmiscuirse en sus vidas**.

2210 La importancia de la familia para la vida y el bienestar de la sociedad entraña una responsabilidad particular de ésta en el apoyo y **fortalecimiento del matrimonio y de la familia**. La autoridad civil ha de considerar como deber grave "el reconocimiento de la auténtica naturaleza del matrimonio y de la familia, protegerla y fomentarla, asegurar la moralidad pública y favorecer la prosperidad doméstica".

2211 La comunidad política tiene el deber de honrar a la familia, asistirla y asegurarle especialmente:

- la libertad de fundar un hogar, de tener hijos y de educarlos de acuerdo con sus propias convicciones morales y religiosas;
- la **protección de la estabilidad del vínculo conyugal** y de la institución familiar;
- la libertad de profesar su fe, transmitirla, educar a sus hijos en ella, con los medios y las instituciones necesarios;
- el derecho a la propiedad privada, a la libertad de iniciativa, a tener un trabajo, una vivienda, el derecho a emigrar;
- conforme a las instituciones del país, el derecho a la atención médica, a la asistencia de las personas de edad, a los subsidios familiares;
- la protección de la seguridad y la higiene, especialmente por lo que se refiere a peligros como la droga, la pornografía, el alcoholismo, etc.;
- la libertad para formar asociaciones con otras familias y de estar así representadas ante las autoridades civiles.